ŒUVRES
DE
M. DE VOLTAIRE,

Avec des Notes sur ses différens Ouvrages, & principalement sur les Ouvrages dramatiques;

NOUVELLE ÉDITION,

RÉDIGÉE PAR M. PALISSOT,

Dont la Souscription est actuellement ouverte à Paris, chez SERVIERE, Libraire, rue S. Jean-de-Beauvais, au-dessus du Collège de Lizieux, N° 14. (Voyez les conditions ci-après, page 18).

QUARANTE VOLUMES IN-8°.

Nous avions cru devoir à l'Assemblée Nationale l'hommage de cette nouvelle Edition. L'Epître dans laquelle cet hommage est exprimé, & que nous placerons à la suite de cet Avertissement, fut présentée à cette auguste Assemblée avec notre Projet d'Edition, le 24 Septembre 1789, par M. de Clermont-Tonnerre, qui la présidait alors. L'acceptation fut décrétée à l'instant, comme nous allons le prouver par la Lettre que M. de Clermont-Tonnerre nous fit l'honneur de nous écrire ce jour là même.

Versailles, 24 Septembre 1789.

« Je m'empresse, Monsieur, de vous annoncer
» que ce matin j'ai fait part à l'Assemblée Nationale
» du desir que vous avez de lui dédier une nou-
» velle Edition des Œuvres de M. de Voltaire.
» Elle a reçu votre offre avec satisfaction, & je
» me suis chargé de vous en instruire.

» Je suis, Monsieur, &c. *Signé*, STANISLAS DE CLERMONT-TONNERRE, *Président* ».

Nous ne produisons cette preuve que pour l'opposer à ce qu'on lit dans un Avertissement mis avec dessein à la tête de la Table générale des Œuvres de Voltaire, de l'Edition de Khell. L'Entrepreneur de cette Edition a cru devoir, dans cet Avertissement, solliciter la compassion par le récit des pertes qu'il prétend avoir essuyées dans son orageuse entreprise. Il a, dit-il, perdu plus de six cens mille livres de ses fonds, pour faire présent de cette superbe Collection à l'Europe entière (c'est-à-dire, pour la lui vendre), & dix fois il a été sur le point d'y voir sa fortune engloutie. Que cet Entrepreneur mécontent cherche à faire pitié, c'est un sentiment qu'il nous a fait trop souvent éprouver, pour vouloir le troubler dans la possession où il est de l'inspirer au Public : cependant on pourrait répondre à Scapin : que diable alliez-vous faire dans cette galère? Mais rufé jufques dans fes plaintes, il n'y a mis tant d'amertume que pour jetter de la défaveur fur notre nouvelle Edition, & d'abord il commence par nous accufer d'être les ennemis de la philofophie. Cette accufation ne peut avoir aucun fens de la part d'un homme auffi étranger à la caufe qu'il a l'air de défendre. Il eft plaifant que l'auteur de *Figaro* s'érige en vengeur de la philofophie. Il eft vrai que depuis qu'il a vu, dans fon Opéra de *Tarare*, la Déclaration des droits de l'homme, & qu'il s'eft adjugé l'honneur d'avoir été un des principaux coopérateurs de la Révolution de la France, où pourtant il avait dit *que tout finiffait par des chanfons*, il ne ferait pas furprenant qu'il fe crût un grand Philofophe. Le fou du Port de Pirée fe croyait riche, mais ne le perfuadait à perfonne. Il nous reproche enfuite de vouloir fubftituer au magnifique monument pour lequel il fe vante d'avoir facrifié des monceaux d'or (1), une Edition tronquée

―――――――――――――――――――――――

(1) Ce n'était point des monceaux d'or que l'on exigeait de cet homme, qui a toujours la mal-adreffe de parler en financier d'une entreprife qui ne demandait qu'un homme de Lettres. L'or était dans la Collection même, & on l'eût bien difpenfé des frais qu'a pu lui coûter la fange dont il s'eft avifé de la groffir, uniquement pour augmenter le produit en multipliant les volumes. Ce qu'on

& mutilée. Notre réponſe eſt dans le Projet même que nous ſoumettons au Public. Enfin il nous accuſe d'avoir manqué de pudeur en oſant offrir à l'Aſſemblée Nationale une Dédicace de

---

eût deſiré de lui, c'eſt plus de reſpect pour la gloire de M. de Voltaire & pour le Public ; c'eſt plus de diſcrétion & de choix dans les matériaux qu'il a fait entrer dans ſon informe compilation ; c'eſt enfin du goût, puiſqu'il oſait ſe charger d'une entrepriſe qui en exigeait. Nous prenons l'engagement de prouver que cet Editeur a ſurchargé ſa Collection d'une foule de puérilités choquantes ; qu'il a violé ſouvent toute bienſéance & toute pudeur ; que, principalement dans les Ouvrages hiſtoriques, il a défiguré le texte, ſoit par des omiſſions auxquelles il ſerait impoſſible de ſuppléer, ſoit par des fautes qui ne ſont pas compriſes dans l'énorme *Errata* qu'il a été forcé de publier à la fin de ſon dernier volume, & qui eſt lui-même la preuve de ſon incroyable négligence ; qu'il a prêté à M. de Voltaire des rimes dignes du cocher de M. de Vertamon ; que s'il croit ſe juſtifier en diſant qu'il les a trouvées dans quelques éditions antérieures, il a prouvé du moins que ſon diſcernement n'allait pas juſqu'à s'appercevoir qu'elles ne pouvaient être que des fautes d'impreſſion qu'il eût fallu corriger : & voilà pourtant ce qu'il oſe appeller le ſuperbe préſent qu'il a fait à l'Europe entière ! Nous prenons l'engagement de raſſembler, dans une ſeule Lettre, non pas tous les exemples que nous pourrions citer de ces turpitudes, mais d'en produire un aſſez grand nombre pour le couvrir d'une éternelle confuſion. Ceux qui ont été dupes de ſes annonces faſtueuſes, trouveront du moins, dans notre Edition ; le

notre Edition, Dédicace rejettée, à ce qu'il assure, par l'engagement unanime que prit l'Assemblée de n'en accepter aucune.

Il est fâcheux que cette audacieuse assertion se trouve si complétement démentie par la Lettre de M. de Clermont-Tonnerre : mais de quoi pourrait rougir cet homme que nous nous abstenons de nommer? Ce n'est pas que lui-même n'ait osé mettre notre nom en toutes lettres, dans une Note qui termine son Avertissement. Il nous appelle, avec un ton d'aisance & de légéreté qui nous a véritablement surpris (1), *Charles Palissot*. Ce ton

---

moyen de corriger leurs exemplaires; elle deviendra pour eux un supplément indispensable, & c'est en partie ce qui nous a déterminés à ce travail pénible, mais qui n'aurait eu que de l'agrément pour nous, si nous n'avions pas été si malheureusement devancés.

(1) Cette légéreté familière, pour ne rien dire de plus, & qu'on eût regardée autrefois comme un vice d'éducation, comme une impolitesse choquante, ou du moins comme un oubli surprenant des bienséances, se trouve répétée à notre occasion, dans la Vie de Voltaire, par M. Condorcet. *Palissot*, dit-il, instrument vénal de la haine d'une femme, mit les Philosophes sur le Théatre. Nous nous garderons bien d'imiter cette indécence, ce qui serait si facile, & de rappeller à M. Condorcet que l'inculpation de vénalité qu'il n'a pas rougi de nous faire, & dont il serait fort embarrassé de donner la moindre preuve, lui a été faite à lui-même, &, sans doute, non moins faussement. Mais

lefte aurait pu nous choquer, nous en convenons, fi nous nous étions affez peu refpectés pour l'admettre jamais avec nous à quelque efpèce de familiarité.

Maintenant, c'eft au Public que nous allons expofer ce qui a réellement contrarié l'hommage que nous nous propofions de rendre à l'Affemblée Nationale. On fait qu'à cette époque le Clergé avait encore fur les délibérations une influence très-active. Le lendemain de l'acceptation que M. de Clermont-Tonnerre s'était empreffé de nous notifier, quelques Prélats, à la lecture du Procès-verbal des Séances de la veille, crurent leur zèle intéreffé à protefter vivement contre cette acceptation. Il eft évident que, même fans lui demander fon aveu, tout Citoyen était en droit de faire à l'Affemblée Nationale un hommage libre, tel que l'était le nôtre; mais nous avions cru devoir folliciter fon agrément pour jetter, s'il était poffible, un nouvel éclat fur la mémoire d'un des hommes qui a le plus honoré notre fiècle. Cependant nous n'avions pu nous diffimuler que le nom de Voltaire pourrait exciter, de la part du Clergé, quel-

---

parce qu'il s'eft abaiffé, nous ne nous abaifferons pas. Nous l'affligerons feulement, en lui difant que nous avons lu fa Vie de Voltaire avec plaifir, & que nous l'avons toujours regardé comme un homme de mérite.

ques réclamations. Nous avouons même que notre offrande eût été très-déplacée dans un Concile : mais dans l'Assemblée de la Nation, elle pouvait obtenir, & véritablement elle avait obtenu la plus grande faveur.

Parmi les opposans, nous devons distinguer M. l'Archevêque de Paris, qui parla de M. de Voltaire avec toute la modération que pouvait lui permettre son caractère épiscopal, & c'est une justice que nous nous plaisons à lui rendre. Mais d'autres Prélats d'une foi plus facile à s'alarmer, ou moins confians peut-être dans la promesse du Ciel, qui s'est chargé de veiller à la conservation de l'Eglise, parurent craindre que les portes de l'Enfer ne prévalussent si l'Assemblée acceptait cet hommage impie.

Ce n'était point à ces Messieurs que nous prenions la liberté de le présenter. Nous les supplions seulement d'observer que leur zèle aurait eu plus de prudence, s'ils s'étaient confiés davantage à notre discrétion. Notre Projet annonçait des retranchemens considérables ; & tandis que les Editions où l'on s'est permis de braver toute pudeur, venaient de se répandre avec une publicité effrayante, & sans exciter aucune réclamation, c'était du moins un préservatif contre elles qu'une Edition rédigée avec plus de décence.

Les Chefs de l'Eglise ont, de droit divin sans

doute, puisqu'eux-mêmes l'ont décidé, le privilège de poursuivre au-delà du tombeau, la mémoire des incrédules : mais nous, à qui le droit d'anathême n'est pas confié, nous, dont les voies sont de ce monde, nous croyons devoir distinguer l'erreur de l'impiété. Nous croyons qu'un grand homme pourrait avoir le malheur de se tromper en rejettant un dogme qui lui paraîtrait inconciliable avec la raison; mais que le véritable impie est celui qui, plus respectueux en apparence pour le dogme, ne cesserait d'abjurer par ses actions le Dieu qu'il adorerait en paroles.

La Nation est aujourd'hui trop éclairée pour ne pas sentir, qu'au jugement de la plupart des hommes, le mot *impiété* dont ils abusent, ne signifie qu'une opinion différente de la leur. C'est ainsi, par exemple, qu'une proposition reconnue par la Sorbonne pour une vérité édifiante, serait regardée comme un blasphême à Constantinople.

Nous ne porterons pas plus loin ces discussions délicates. Notre intention ne saurait être d'offenser, dans aucun de ses Membres, l'auguste Assemblée pour laquelle nous sommes pénétrés de reconnaissance. Nous honorons même, autant qu'il est en nous, le zèle qui s'est élevé contre notre offrande : mais les motifs qui nous en avaient inspiré le projet subsistant toujours, nous prendrons le parti de substituer la Nation elle-même à ses Représentans.

C'est donc à elle que nous adreſſons notre hommage. Le nom de Voltaire, qu'elle n'aurait ni la volonté ni le pouvoir de flétrir, eſt la plus digne recommandation que nous puiſſions employer auprès d'elle.

ÉPITRE,

TELLE QU'ELLE FUT PRÉSENTÉE A LA SÉANCE DU 24 SEPTEMBRE.

A Meſſieurs les Députés de France à l'Aſſemblée Nationale.

MESSIEURS,

SI quelque hommage Littéraire pouvait mériter d'être offert à votre auguſte Aſſemblée, ce ſerait ſans doute une Edition qui raſſemblerait les meilleurs Ouvrages d'un des hommes qui a le plus honoré la France. M. de Voltaire a rempli de ſa gloire ce même ſiècle que vous allez rendre ſi recommandable à la poſtérité & ſi cher à la Patrie. Perſonne n'a eu plus d'influence que lui ſur l'opinion publique, n'a plus avancé les progrès de la raiſon, & n'a mieux diſpoſé les eſprits à l'heureuſe Révolution que nous allons devoir à votre ſageſſe. Mais, par cette fatalité qui pourſuit preſque toujours les grands hommes, il fut ſouvent perſécuté pendant ſa vie, & la ſuperſtition fut aſſez cruelle pour lui refuser, après sa mort, les vains honneurs d'un Mausolée. Une dernière injure semblait l'attendre encore. Des hommes avides s'emparèrent de ses Ouvrages, & en firent une Collection capable de flétrir sa mémoire, si sa mémoire pouvait être flétrie.

J'ai pensé, Messieurs, que vous seuls, en ajoutant votre gloire à la sienne, vous pouviez le venger de tant d'injures, & c'est ce qui a principalement déterminé l'hommage que je vous supplie d'accepter. Si l'esprit qui anima ce grand homme lui survit (& j'aime à le croire), non-seulement il avouera cet hommage que lui-même vous aurait présenté; mais il regardera cette faveur de votre Assemblée comme un des plus grands honneurs qu'un Citoyen ait jamais reçu de sa Patrie. J'ose m'applaudir d'en avoir eu l'idée; & si quelque chose peut me consoler du peu d'éclat de mon nom, c'est l'encouragement flatteur que vous donnerez à mon travail, & la douce satisfaction d'avoir contribué à honorer la mémoire d'un de nos plus grands hommes.

Je suis avec un profond respect,

MESSIEURS,

Votre, &c.

PROSPECTUS DE L'ÉDITION.

IL n'est point d'homme célèbre parmi nos Littérateurs les plus distingués, qui n'eût regardé comme un titre d'honneur de présider à une Edition complète des Ouvrages de M. DE VOLTAIRE : mais eût-on jamais imaginé qu'une succession aussi précieuse, confiée d'abord à un Libraire (1) honnête, actif, intelligent, & qui s'est distingué non-seulement par des entreprises avouées de la Nation, mais par quelques Ouvrages de Littérature, serait livrée ensuite à un homme qui n'est pas même compris dans la dernière classe des Gens de Lettres? Eût-on supposé qu'une Edition qui ne devait être qu'une affaire de goût, deviendrait une spéculation de finance ?

Le Public ne s'en est que trop apperçu à la masse indigeste des volumes dont on a surchargé cette Collection, & à la foule de Pièces qui n'auraient jamais dû y être admises, puisque M. de Voltaire les avait constamment rejettées pendant sa vie. Il en est d'une telle médiocrité, que, sans un témoignage appuyé de preuves, tout inviterait à douter qu'il en fût l'Auteur. Mais en supposant que dans ces momens où le génie sommeille, de pareilles Pièces

---

(1) *M. Panckoucke.*

lui fuſſent en effet échappées, des Editeurs moins avides, & qui euſſent été véritablement jaloux de la gloire des Lettres & de la ſienne, ſe ſeraient bien gardés de les recueillir.

L'Edition vraiment complète d'un Ecrivain célèbre, eſt celle qui ne renferme rien d'indigne de lui. C'était le ſentiment de M. de Voltaire lui-même. Ce grand homme s'était plaint tant de fois de l'abus qu'on avait fait de ſes Ouvrages; il avait tant de fois exprimé le vœu qui aurait dû ſervir de frein à ſes Editeurs, le vœu qu'on n'imprimât de lui que des Ouvrages dignes de ſa réputation, qu'il eſt difficile de pardonner à ceux qui ſe ſont permis, ſi nous l'oſons dire, de profaner ainſi ſa mémoire.

Le ſentiment de l'indignation devient plus amer encore, lorſqu'on ſe rappelle avec quel faſte cette Edition avait été annoncée, & combien elle eſt éloignée, même pour ſa partie typographique, des magnifiques eſpérances qu'on s'était efforcé d'en donner. Ce que tout le monde eſt à portée de vérifier, c'eſt que non-ſeulement il en eſt peu de plus incorrectes, mais où les Avant-propos oiſeux, les redites, les doubles emplois aient été plus ridiculement prodigués. Enfin, après avoir lu avec une attention pénible, cette Collection, dont les annonces étaient à la fois ſi pompeuſes & ſi burleſques, loin d'y voir un monument élevé à la gloire de M. de Voltaire, nous n'avons pu nous défendre de la regarder comme un outrage fait à sa réputation.

Rendons graces pourtant à M. de Beaumarchais, qu'il faut bien se résoudre à nommer, rendons-lui grace de ce qu'il n'a pu réussir à décrier un grand nom. Peut-être n'avait-il eu que le projet d'illustrer le sien : alors, en admirant sa confiance, on serait tenté de le plaindre de n'ambitionner que des succès d'une difficulté trop évidente.

Nous ne nous abaisserons pas aux petits moyens d'intrigue & de séduction dont cet Editeur a donné en Littérature le premier exemple. Nous n'amorcerons point le Public par les chances d'une Loterie tirée sur de longues avances faites par le Public même. Nous ne promettons ni papier de luxe, ni caractères de Baskerville, ni les vains ornemens du burin. Ces promesses fastueuses, & qui ont été remplies, *on sait comment*, n'ajouteraient rien à la valeur réelle des Ouvrages de M. de Voltaire. Nous ne voulons pas que l'on puisse nous appliquer le reproche fait si justement à un impertinent Artiste qui avait entrepris la statue d'Hélène ou de Vénus : « N'ayant » pu la faire belle, tu l'as fait riche ». Nous nous contentons d'annoncer un Texte pur, & quelques Remarques de goût sur les Ouvrages de poésie, & principalement sur les Ouvrages dramatiques. Nous croyons que ces Remarques pourront être utiles, & nous n'oublierons pas qu'elles ne sont faites que pour orner le Texte, & non pour le furcharger. M. de Voltaire eft peut-être de tous nos Ecrivains celui qui mérite le plus les honneurs d'un Commentaire; & fi ce Commentaire eft bien fait, nonfeulement il doit fournir à nos jeunes Littérateurs d'utiles inftructions, mais devenir très-intéreffant pour les gens du monde qui ne font pas étrangers à l'étude des Arts.

Notre projet n'eft d'ailleurs ni de corriger (ce qui ferait impertinent), ni d'épurer M. de Voltaire. On peut faire, à l'ufage des Collèges, un choix de fes Œuvres, telles qu'il convient de les préfenter à la jeuneffe & à l'inexpérience; mais il ferait abfurde, même fous prétexte d'intentions pieufes, de prétendre altérer fon caractère, & de le dénaturer au point de diffimuler le profond mépris qu'il avait pour le fanatifme, la fuperftition, ou même pour quelques opinions de Théologie. Sans être toujours de fon avis fur ces matières délicates, nous le préfenterons tel qu'il était, & tel qu'il appartient à la poftérité. On ne s'informe pas fi Sophocle ou Cicéron ont été dévots, mais s'ils ont agrandi la fphère des idées humaines.

Si pourtant il eft arrivé quelquefois à M. de Voltaire de manquer aux bienféances & à lui-même, par un ftyle trop violent, par des expreffions trop dures, ou même choquantes, nous nous permettrons de jetter un voile officieux fur ces faibleffes;

& nous ne déshonorerons pas sa Collection par des Ecrits qui pourraient lui être échappés dans des accès de fièvre. Ce serait une superstition trop étrange, que de vouloir ériger en reliques jusqu'aux déplorables infirmités de l'espèce humaine.

Nous nous permettrons encore d'élaguer ce que la trop grande abondance de cet Ecrivain célèbre peut avoir d'évidemment vicieux, & nous osons croire que, réduit à ses justes proportions, sa gloire n'en deviendra que plus imposante; mais nous nous garderons bien de le mutiler. Nous ferons pour lui ce que nous croyons qu'il nous eût lui-même prescrit. Nous ne sacrifierons que ce qui nous paraîtra nuire au projet que nous avons d'honorer sa mémoire.

On sait assez que dans ses nombreux Ouvrages, il en est du goût le plus exquis; que d'autres, sans avoir le même degré de mérite, portent toujours l'empreinte d'un rare talent; qu'enfin il en est d'inférieurs, mais dont l'infériorité n'est sensible qu'en le comparant à lui-même, & qui ne seraient pas sans éclat dans une succession moins brillante. Telles sont toutes ses Tragédies depuis Tancrède. Quelques personnes nous conseillaient de les supprimer, & véritablement il n'en coûterait rien à sa gloire. Persuadés cependant que ce n'est point à nous de prévenir les jugemens de la postérité, & que d'ailleurs une circonspection modeste est une loi de bienséance dont la critique ne peut se dispenser envers un grand homme, nous avons cru devoir nous interdire cette sévérité. Nous n'aurons pas le même respect pour ses Comédies, genre dans lequel M. de Voltaire était loin d'avoir la même supériorité.

Il faut bien convenir que dans sa longue carrière on a publié sous son nom des Ouvrages absolument indignes de lui. Sa grande célébrité les avait fait recueillir pendant sa vie; ses derniers Editeurs les ont avidement adoptés, plus jaloux de grossir le nombre de leurs volumes, que de consulter sa gloire & le vœu public : nous sacrifierons tous ces témoignages de faiblesse.

Nous sacrifierons ces Ouvrages qui pouvaient emprunter quelque valeur des circonstances du moment, & qui n'en auraient aucune pour la génération à venir; cette foule d'amusemens ou de petites Pièces de société dont s'enrichissait l'Almanach des Muses, mais qui appauvriraient notre Collection; ces Ouvrages répétés sous deux titres; ces variantes prodiguées jusqu'au dégoût, & toujours inutiles lorsqu'il n'y a pas à balancer entre les différentes leçons; ces critiques violentes d'Ecrivains obscurs; ces satyres où le fiel domine, & qui ne sont rachetées ni par le mérite de la difficulté vaincue, ni par aucune grace; ces Lettres sur-tout, celles du moins que l'Auteur aurait évidemment condamnées à l'oubli, & qui détruiraient l'idée qu'on doit avoir du caractère moral de M. de Voltaire, si l'on était assez injuste pour le juger d'après ces élans rapides d'une ame passionnée : mouvemens indélibérés, & que sans doute il se reprochait lui-même avec amertume, quand on les avait surpris à sa faiblesse.

On ose dire que dans l'Edition de Khell, on a porté jusqu'au sacrilège l'abus de cette correspondance. Elle est devenue un Recueil de libelles qui eût mérité l'animadversion des loix : mais arrêtons-nous au seul ridicule. On trouve dans ce Recueil, de prétendues Lettres où M. de Voltaire paraîtrait s'être abaissé jusqu'à donner à M. de Beaumarchais quelques éloges. Nous savons assez que M. de Voltaire était bon plaisant, & que souvent il enveloppait une raillerie maligne sous des louanges adressées à des hommes très-médiocres : mais il est des bornes qu'il ne franchissait jamais ; & plus l'exagération de louer M. de Beaumarchais nous semblerait une plaisanterie du genre de *Figaro*, moins nous la croyons de M. de Voltaire. C'est ce qu'au besoin, d'ailleurs, nous nous engageons de fortifier d'une bonne preuve, si M. de Beaumarchais nous en défie.

De quatre-vingt-douze Volumes qui composent la Collection démesurée de cet Editeur, nous en formerons tout au plus quarante, même en y comprenant les Notes que nous nous proposons d'y ajouter. Le papier, le format, les caractères seront exactement semblables au modèle que nous en présentons dans ce Prospectus. Nous ne promettons d'autre gravure qu'un Portrait de l'Auteur, fait par un de nos plus habiles Artistes, d'après le bel original de Largillière.

CONDITIONS DE LA SOUSCRIPTION.

Le Public, en souscrivant, ne fera qu'une simple avance de 48 liv. dont il lui sera tenu compte sur chaque Livraison, à raison de 1 liv. 4 sols par Volume. Le prix de chaque Volume, broché en carton, avec étiquette imprimée au dos du Volume, sera de 4 liv. 4 sols : mais au moyen de l'avance faite, chaque Livraison de deux Volumes ne sera payée que 6 liv., la brochure comprise.

Si l'on se détermine à tirer plus d'Exemplaires qu'il n'y aura de Souscripteurs, ceux qui n'auront pas souscrit paieront 5 liv. 6 sols par Volume, broché pareillement en carton, avec étiquette.

La Souscription sera irrévocablement fermée à la fin de Février prochain. La première Livraison de deux Volumes paraîtra, au plus tard, vers la fin d'Avril ; elles se succéderont ensuite exactement, de deux en deux mois, & toujours par deux Volumes.

On imprimera une liste des Souscripteurs, s'ils le desirent. C'est une attention qu'on doit à ceux qui aiment encore assez la gloire des Lettres, pour encourager une entreprise faite principalement pour honorer la mémoire d'un des hommes qui a le plus contribué aux progrès de la raison.

On souscrit à Paris, chez SERVIERE, Libraire, rue S. Jean-de-Beauvais, au-dessus du Collège de Lizieux, vis-à-vis les anciennes Ecoles de Droit, N° 14;

Et chez L'AUTEUR, rue du fauxbourg S. Jacques, après le Val-de-Grace, N°. 250.

Notice de quelques Ouvrages qui se trouvent chez le même Libraire.

L'ENCYCLOPÉDIE, ou Dictionnaire des Sciences, des Arts & des Métiers, par une Société de Gens de Lettres, mis en ordre & publié par M. Diderot; & quant à la partie Mathématique, par M. d'Alembert, 39 vol. grand *in-8°*, dont 3 de Planches *in-4°*.   200 liv.
Œuvres de Plutarque, contenant les Vies des Hommes illustres & les Traités moraux & philosophiques, suivant la traduction d'Amyot, &c. 18 vol. *in-8°*.   135 liv.
Le même, du format *in-4°* sur papier vélin.   648 liv.
La nouvelle Héloïse, ou Lettres de deux Amans habitans d'une petite Ville au pied des Alpes, recueillies & publiées par J. J. Rousseau, 7 vol. *in-8°*, avec figures; & l'Emile, ou de l'Education, par le même, 4 vol. *in-8°* aussi avec figures, 11 vol. *in-8°*, pap. d'Hollande, 24 l.
Collection de tous les Voyages faits autour du Monde par les différentes Nations de l'Europe, rédigée par M. Berenger en 1789, 10 vol. *in-8°* avec figures. 30 liv.
Dictionnaire historique des grands Hommes, par une Société de Gens de Lettres, dernière édition, 9 vol. *in-8*. 36 liv.
Œuvres de Brantôme, contenant sa généalogie, avec

tous les Tableaux qui y ont rapport, sa vie, ses opuscules, & les Maximes de la guerre; ses Lettres aux Rois Charles IX, Henri III & Catherine leur mère; avec leurs réponses: les Vies des Dames illustres Françoises & étrangères; les Vies des Dames galantes; les Vies des grands Capitaines François, étrangers, &c. le Discours sur les Duels; les Rodomontades & les Juremens des Espagnols, avec le Discours sur les belles Retraites, &c. 8 vol. *in-8°*, avec le Portrait de l'Aut. 40 l.

Œuvres complètes de Lucien, traduites du Grec, d'après une copie vérifiée sur six manuscrits de la Bibliothèque du Roi, avec des Notes, des Observations & des Remarques littéraires, critiques & savantes sur cet Auteur, ses Ouvrages & ses Traducteurs; par M. B.... de Ba..... de l'Académie des Inscriptions, 6 vol. *in-8°*, avec Portrait. 36 liv. — Le même, *in-4°*. 72 liv.

Mémoires de Sully, principal Ministre de Henri IV, *ou* Mémoires d'Etat, domestiques, politiques & militaires de Henri-le-Grand, par Maximilien de Béthune, Duc de Sully, avec des Observations sur le texte de ces Mémoires, 6 vol. *in-8°*, avec leurs Portraits. 30 liv.

Œuvres complètes de Paul Scarron, contenant sa Vie, ses Lettres, son Roman comique, avec les deux suites & les nouvelles tragi-comiques, le Virgile travesti, avec les différentes suites; son Théâtre, ses Pièces fugitives, un Discours sur le Style burlesque, &c. 7 vol. *in-8°*, avec Portrait. 30 liv.

Œuvres philosophiques de D. Hume, traduites de l'anglois, nouvelle édition, la plus complète qui ait paru, & la mieux imprimée, 7 vol. *in-8°*. 21 liv.

Œuvres complètes de Piron, 7 vol. *in-8°*. 30 liv.

Les mêmes en 9 vol. *in-12*. 12 liv.

Œuvres complètes de Montesquieu, avec un Supplément, des Notes instructives, des Cartes géographiques, des Tables étendues, &c. 5 vol. *in-8°*, avec Portrait. 30 liv.

Les mêmes, *in-4°*, 5 vol. 60 liv.

Essais de Michel, Seigneur de Montaigne, 3 vol. *in-8°*. 15 l.

L'Ane d'or d'Apulée, suivi du Démon de Socrate, &c. 2 vol. *in-8°*, avec figures. 12 liv.

De la Sagesse, par Charron, 2 vol. *in-8°*. 15 liv.

Œuvres de Maître Franç. Rabelais, 2 vol. *in-8°*. 18 liv.

Le même, *in-4°* sur papier d'Hollande. 96 liv.

www.ingramcontent.com/pod-product-compliance
Lightning Source LLC
Chambersburg PA
CBHW071434060426
42450CB00009BA/2168